# Personal Laboral de Ministerios Grupo Profesional M2

**Octubre 2025**

# Personal Laboral de Ministerios Grupo Profesional M2

## Test Parte Común

# Autores

**FRANCISCO JESÚS TORRES FONSECA**
LICENCIADO EN DERECHO

**PATRICIA PÉREZ SÁNCHEZ-ROMATE**
LICENCIADA EN DERECHO

**MARÍA JOSÉ ASQUERINO LAMPARERO**
PROFESORA AYUDANTE DOCTORA UNIVERSIDAD DE SEVILLA

**LIDIA PONCE MARTÍNEZ**
LICENCIADA EN PSICOLOGÍA

© 7 Editores Recursos para la Cualificación Profesional y el Empleo, S.L. (7 Editores)
© Los autores
Primera edición, octubre 2025 (92 páginas)
Derechos de edición reservados a favor de 7 Editores
IMPRESO EN ESPAÑA
Diseño Portada: 7 Editores
Edita: 7 Editores
Avda. San Francisco Javier, 9 · Edificio Sevilla 2 · Planta 11 · Módulos 25-27 · 41018 Sevilla
Teléfono: 954 784 411 · WEB: www.mad.es · e-mail: administracion@7editores.com
ISBN: 979-13-702-8163-2
© "Editorial Mad" y "Eduforma" son nombres comerciales registrados de
7 Editores Recursos para la Cualificación Profesional y el Empleo, S.L.

# Personal Laboral de Ministerios

## GRUPO PROFESIONAL M2

## PARTE COMÚN

Si aún no dispones de tu **Curso MAD360**, te ofrecemos un acceso GRATIS de 30 días para que disfrutes de los siguientes recursos:

- Técnicas de Memoria 360.
- MADTEST: Test *online* Nivel PRO.
- Temario en formato digital.
- Vídeos.
- Esquemas.
- Planificación de estudio.
- Foro entre opositores hasta la fecha del examen.*
- Recursos y novedades exclusivas.
- Consúltanos sobre tu oposición y proceso selectivo.
- Actualizaciones legislativas (Boletines Oficiales) hasta 60 días antes de la fecha del examen.*

Para acceder a esta prueba del Curso MAD360** será necesaria la compra de todos los libros para esta especialidad de la edición 2025.

Regístrate en **mad.es/iniciar-sesion** y en la pestaña MIS CURSOS valida los códigos que encuentras en la última página de tus libros.

---

**NOTA IMPORTANTE:**

* Examen de este Grupo profesional, o hasta el 30 de noviembre de 2026, lo que se cumpla antes, y previa renovación del servicio.

** El acceso al CURSO MAD360 estará disponible desde noviembre de 2025 (algunos recursos podrían estar disponibles en fecha posterior). Tendrá una duración de 30 días RENOVABLES mediante pago, desde la validación de códigos, o hasta el 31 de mayo de 2027, lo que se cumpla antes.

MAD se reserva el derecho a ampliar dichas fechas.

# Índice

## ORGANIZACIÓN Y FUNCIONAMIENTO DE LA ADMINISTRACIÓN GENERAL DEL ESTADO

# Organización
# y funcionamiento
# de la Administración
# General del Estado

**La Constitución Española de 1978: Características.
Los principios constitucionales y los valores superiores.
Derechos y deberes fundamentales. La protección de los derechos**

**1. ¿En qué se fundamenta la Constitución Española?**

a) En un Estado social y democrático de Derecho.
b) En la indisoluble unidad de la Nación española.
c) En la independencia de los poderes del Estado.
d) En la organización territorial del Estado.

**2. Según el artículo 3 de la CE, el castellano es la lengua oficial del Estado y todos los españoles:**

a) Tienen el deber de usar y el derecho de conocer el castellano.
b) Tienen el derecho y el deber de conocer el castellano.
c) Tienen el deber de conocer y el derecho de usar el castellano.
d) Tienen el derecho de conocer y usar el castellano.

**3. La Constitución Española reconoce y garantiza el derecho a la autonomía:**

a) De las nacionalidades que la integran.
b) De las regiones que la integran.
c) De las Comunidades Autónomas que la integran.
d) De las nacionalidades y regiones que la integran.

**4. El Preámbulo de la Constitución:**

a) Tiene en sí carácter de norma jurídica.
b) Es una declaración de intenciones, destinada a interpretar lo que se quiere alcanzar con el contenido normativo de la Constitución.

c) Se trata de un texto sin fuerza jurídica de obligar.
d) Las respuestas b) y c) son correctas.

**5. Señala la respuesta correcta, respecto de la aprobación, ratificación y publicación de la Constitución Española:**

a) Aprobada por las Cortes el 31 de octubre de 1978, ratificada por el pueblo en referéndum el 6 de diciembre de 1978 y publicada el 29 de diciembre de 1978.
b) Aprobada por las Cortes el 30 de octubre de 1978, ratificada por el pueblo en referéndum el 16 de diciembre de 1978 y publicada el 27 de diciembre de 1978.
c) Aprobada por las Cortes el 31 de octubre de 1978, ratificada por el pueblo en referéndum el 16 de diciembre de 1978 y publicada el 29 de diciembre de 1978.
d) Aprobada por las Cortes el 10 de octubre de 1978, ratificada por el pueblo en referéndum el 26 de diciembre de 1978 y publicada el 30 de diciembre de 1978.

**6. ¿En qué parte de la Carta Magna se establece la exposición de motivos que impulsan la norma constitucional y los objetivos que con ella se pretenden alcanzar?**

a) En el Título Preliminar.
b) En el Preámbulo.
c) En el Título I.
d) En el Título II.

**7. La Constitución Española fue sancionada por:**

a) El Rey.
b) El Presidente del Congreso.
c) Las Cortes Generales.
d) El Presidente del Gobierno.

**8. ¿Cuáles de los siguientes españoles de origen pueden ser privados de su nacionalidad?**

a) Exclusivamente los miembros de grupos terroristas.
b) Los miembros de grupos terroristas y los que atenten contra el Rey u otro miembro de la Casa Real.
c) Los que atenten contra un miembro de la Familia Real o del Gobierno de la Nación.
d) Ningún español de origen podrá ser privado de su nacionalidad.

**9. Según la CE son fundamentos del orden político y la paz social:**

a) La dignidad de la persona, los derechos violables que les son inherentes y el respeto a la ley.
b) La dignidad de la persona, el desarrollo limitado de la personalidad y el respeto a la ley.

c) El respeto a la ley, a los reglamentos administrativos y demás disposiciones legales.

d) La dignidad de la persona, los derechos inviolables que le son inherentes, el libre desarrollo de su personalidad, el respeto a la ley y a los derechos de los demás.

**10. ¿Cuál de los siguientes es considerado por la CE como uno de los valores superiores del ordenamiento jurídico?**

a) La jerarquía normativa.
b) El pluralismo político.
c) La publicidad normativa.
d) La equidad.

**11. La forma política del Estado español es:**

a) Democracia parlamentaria.
b) Gobierno parlamentario.
c) Monarquía parlamentaria.
d) República democrática.

**12. La parte de la CE que regula la estructura de los principales órganos del Estado recibe el nombre de:**

a) Parte dogmática.
b) Parte orgánica.
c) Parte estatal.
d) Parte estructural.

**13. Según la CE, la soberanía nacional:**

a) Corresponde a las Cortes Generales, al estar compuestas por los representantes del pueblo.
b) Corresponde al Rey.
c) Reside en el pueblo español.
d) Corresponde al Gobierno de la Nación elegido directamente por el pueblo.

**14. ¿En qué parte de la Carta Magna se señalan los valores superiores del ordenamiento jurídico?**

a) En el Preámbulo.
b) En el Título Preliminar.
c) En el Título I.
d) Ninguna respuesta es correcta.

**15. ¿Cuál de las siguientes es una de las características de nuestra Constitución de 1978?**

a) Consensuada.
b) Corta.
c) Conservadora.
d) Originalidad.

En MADTEST tienes **más preguntas de este tema**, y todos tus avances quedan registrados y se reflejan en el ranking.

**¡Supera tus límites con MADTEST!**

# Solución al test n.º 1

**1.** b) En la indisoluble unidad de la Nación española.

**2.** c) Tienen el deber de conocer y el derecho de usar el castellano.

**3.** d) De las nacionalidades y regiones que la integran.

**4.** d) Las respuestas b) y c) son correctas.

**5.** a) Aprobada por las Cortes el 31 de octubre de 1978, ratificada por el pueblo en referéndum el 6 de diciembre de 1978 y publicada el 29 de diciembre de 1978.

**6.** b) En el Preámbulo.

**7.** a) El Rey.

**8.** d) Ningún español de origen podrá ser privado de su nacionalidad.

**9.** d) La dignidad de la persona, los derechos inviolables que le son inherentes, el libre desarrollo de su personalidad, el respeto a la ley y a los derechos de los demás.

**10.** b) El pluralismo político.

**11.** c) Monarquía parlamentaria.

**12.** b) Parte orgánica.

**13.** c) Reside en el pueblo español.

**14.** b) En el Título Preliminar.

**15.** a) Consensuada.

# TEST N.º 2

## El Gobierno. Composición, designación, funciones y relaciones con el resto de los poderes del Estado

**1. La vigente Ley del Gobierno de la Nación es de:**

a) 1992.
b) 1995.
c) 1996.
d) 1997.

**2. El ámbito donde es posible una mayor discrecionalidad por parte del Gobierno de la Nación es en el/la:**

a) Aplicación de la ley.
b) Potestad reglamentaria.
c) Dirección de la política.
d) Función ejecutiva.

**3. La función representativa de los miembros del Gobierno de la Nación se manifiesta en:**

a) La Jefatura de los Ministerios.
b) Su estatuto personal como tales.
c) Su mandato parlamentario.
d) Ninguna forma.

**4. La coordinación de las funciones de los miembros del Gobierno de la Nación es competencia del/de las:**

a) Presidente del Gobierno de la Nación.
b) Vicepresidente del Gobierno de la Nación.
c) Ministerio de la Presidencia, Justicia y Relaciones con las Cortes.
d) Comisiones Delegadas del Gobierno de la Nación.

**5. La propuesta del Rey de candidato a la Presidencia del Gobierno de la Nación se canaliza a través del:**

a) Presidente del Congreso de los Diputados.
b) Gobierno de la Nación en pleno.
c) Senado y Congreso de los Diputados.
d) Grupo político mayoritario.

**6. La confianza al candidato a Presidente del Gobierno de la Nación se otorga, en primera vuelta, por:**

a) Mayoría absoluta de las Cortes Generales.
b) Mayoría absoluta del Congreso de los Diputados.
c) Mayoría simple del Congreso de los Diputados.
d) Mayoría simple de las Cortes Generales.

**7. La disolución de las Cámaras, por transcurso de dos meses desde la primera votación de investidura, sin obtención de la confianza parlamentaria por los candidatos, se refrenda por el:**

a) Presidente del Gobierno de la Nación.
b) Rey.
c) Presidente del Congreso de los Diputados.
d) No necesita refrendo.

**8. El Gobierno de la Nación, en relación con los Presupuestos Generales del Estado:**

a) Los aprueba.
b) Los convalida.
c) Aprueba su Proyecto de Ley.
d) Los ratifica.

**9. La aprobación de exigencia de responsabilidad de un Ministro por un delito contra la seguridad del Estado en el ejercicio de sus funciones compete al/a la:**

a) Sala de lo Penal del Tribunal Supremo.
b) Mayoría absoluta de los miembros del Congreso de los Diputados.
c) Cuarta parte de estos miembros.
d) Consejo de Ministros.

**10. La prerrogativa real de gracia respecto a la responsabilidad penal de un Ministro se refrenda por el:**

a) Presidente del Congreso de los Diputados.
b) Presidente del Tribunal Supremo.
c) Presidente del Gobierno de la Nación.
d) No es posible esta medida.

### 11. ¿Cuál de las siguientes no es una función de los Ministros?

a) Interponer el recurso de inconstitucionalidad.
b) Refrendar, en su caso, los actos del Rey en materia de su competencia.
c) Ejercer cuantas competencias les atribuyan las leyes, las normas de organización y funcionamiento del Gobierno y cualesquiera otras disposiciones.
d) Ejercer la potestad reglamentaria en las materias propias de su Departamento.

### 12. ¿Cuándo cesará el Gobierno?

a) En los casos de pérdida de la confianza parlamentaria previstos en la Constitución.
b) Tras la celebración de elecciones generales.
c) Por dimisión o fallecimiento de su Presidente.
d) Todas las respuestas son correctas.

### 13. ¿Transcurrido qué plazo, a partir de la primera votación de investidura, si ningún candidato hubiere obtenido la confianza del Congreso, el Rey disolverá ambas Cámaras y convocará nuevas elecciones con el refrendo del Presidente del Congreso?

a) Transcurrido un mes.
b) Transcurridos dos meses.
c) Transcurridos tres meses.
d) Transcurridos seis meses.

### 14. ¿Qué Título de la Constitución Española regula el Gobierno y la Administración?

a) El Título III.
b) El Título IV.
c) El Título V.
d) El Título VI.

### 15. Corresponde al Presidente del Gobierno:

a) Proponer al Rey, previa deliberación del Consejo de Ministros, la disolución del Congreso, del Senado o de las Cortes Generales.
b) Representar al Gobierno.
c) Interponer el recurso de inconstitucionalidad.
d) Todas las respuestas son correctas.

En MADTEST tienes **más preguntas de este tema**, y todos tus avances quedan registrados y se reflejan en el ranking.

**¡Supera tus límites con MADTEST!**

# Solución al test n.º 2

**1.** d) 1997.

**2.** c) Dirección de la política.

**3.** c) Su mandato parlamentario.

**4.** a) Presidente del Gobierno de la Nación.

**5.** a) Presidente del Congreso de los Diputados.

**6.** b) Mayoría absoluta del Congreso de los Diputados.

**7.** c) Presidente del Congreso de los Diputados.

**8.** c) Aprueba su Proyecto de Ley.

**9.** b) Mayoría absoluta de los miembros del Congreso de los Diputados.

**10.** d) No es posible esta medida.

**11.** a) Interponer el recurso de inconstitucionalidad.

**12.** d) Todas las respuestas son correctas.

**13.** b) Transcurridos dos meses.

**14.** b) El Título IV.

**15.** d) Todas las respuestas son correctas.

# TEST N.º 3

**La Administración Pública: principios constitucionales.
La Administración General del Estado y su organización periférica.
La organización territorial del Estado. Las Comunidades Autónomas.
Distribución competencial. Los conflictos de competencias.
La coordinación entre las distintas Administraciones Públicas**

**1. Según la Constitución, las Entidades que forman parte de la organización territorial del Estado tienen la nota común de:**

a) Autogobierno.
b) Independencia.
c) Autonomía.
d) Financiación propia.

**2. La titularidad de la soberanía española radica en el/las:**

a) Cortes Generales como representantes del pueblo español.
b) Rey como Jefe del Estado.
c) Pueblo mismo.
d) Nacionalidades y regiones que integran España.

**3. No pueden constituirse en Comunidades Autónomas los territorios:**

a) Que no estén integrados en la organización provincial.
b) Que, no siendo superiores a una Provincia, tengan entidad regional histórica.
c) Que, no siendo superiores a una Provincia, no tengan entidad regional histórica.
d) Interinsulares.

**4. La vía ordinaria de acceso a la autonomía por el artículo 143 de la Constitución se sigue por los/las:**

a) Provincias con entidad regional histórica.
b) Territorios que en el pasado hubieren plebiscitado afirmativamente proyecto de Estatuto de Autonomía.
c) Provincia sin entidad regional histórica directamente.
d) Supuestos especiales de Ceuta, Melilla y Gibraltar.

**5. Entre las determinaciones de los Estatutos de Autonomía no es necesario incluir la:**

a) Delimitación de su territorio.
b) Denominación de las instituciones autónomas propias.
c) Denominación de la Comunidad.
d) Denominación, organización y sede de sus instituciones administrativas.

**6. En las Comunidades Autónomas que siguen la vía común, el Proyecto de Estatuto será elaborado por la/los:**

a) Asamblea de Parlamentarios que se constituye al efecto.
b) Comisión Constitucional del Congreso de los Diputados.
c) Diputación Provincial correspondiente.
d) Miembros de la Diputación u órgano interinsular y por los Diputados y Senadores elegidos por ellas.

**7. El voto de ratificación por los Plenos del Senado y del Congreso de los Diputados se dará en el/las:**

a) Comunidades Autónomas que siguen la vía común.
b) Comunidades Autónomas que siguen la vía especial.
c) Acceso a la autonomía de Ceuta y Melilla.
d) Acceso a la autonomía de Gibraltar.

**8. La responsabilidad política del Presidente de una Comunidad Autónoma se exige por el/la:**

a) Sala de lo Penal del Tribunal Supremo.
b) Congreso de los Diputados.
c) Tribunal Superior de Justicia de la Comunidad Autónoma.
d) Asamblea Legislativa de la Comunidad Autónoma.

**9. La Asamblea Legislativa de las Comunidades Autónomas se elige:**

a) Con criterios de representación territorial.
b) Con criterios de representación proporcional.
c) Por sufragio individual.
d) Con criterios de representación provincial.

**10. Con el fin de corregir los desequilibrios económicos interterritoriales y hacer efectivo el principio de solidaridad, se constituye:**

a) El Fondo de Compensación Interterritorial.
b) El Comité Económico Interterritorial.
c) El Consejo de Política Fiscal y Financiera.
d) El FASI.

**11. Los Estatutos de Autonomía deberán contener el/la/las:**

a) Competencias que se dejan al Estado y las que asume la Comunidad.
b) Competencias que, en función de la Constitución, asume cada Comunidad Autónoma.
c) Desarrollo de la Administración Autonómica.
d) División provincial y órganos de gobierno.

**12. En la reforma de los Estatutos intervienen las Cortes Generales:**

a) Siempre.
b) Nunca.
c) Solo cuanto se trata de Comunidades Autónomas que accedieron por la vía común.
d) En las Comunidades Autónomas de vía especial exclusivamente.

**13. Los miembros de las Diputaciones u órganos interinsulares intervienen en la elaboración de los Estatutos de Autonomía:**

a) En todo caso.
b) Nunca.
c) En las Comunidades Autónomas de vía común.
d) En las Comunidades Autónomas de vía especial.

**14. Los Estatutos de Autonomía en la vía común se aprueban por el:**

a) Congreso de los Diputados mediante ley orgánica.
b) Congreso de los Diputados y Senado por ley orgánica.
c) Congreso de los Diputados y Senado por ley ordinaria.
d) Parlamento Autonómico solamente.

**15. La más alta representación de una Comunidad Autónoma la ostenta el:**

a) Presidente del Parlamento Autonómico.
b) Presidente de la Comunidad Autónoma.
c) Rey.
d) Presidente del Gobierno de la Nación.

En MADTEST tienes **más preguntas de este tema**, y todos tus avances quedan registrados y se reflejan en el ranking.

**¡Supera tus límites con MADTEST!**

# Solución al test n.º 3

**1.** c) Autonomía.

**2.** c) Pueblo mismo.

**3.** d) Interinsulares.

**4.** a) Provincias con entidad regional histórica.

**5.** d) Denominación, organización y sede de sus instituciones administrativas.

**6.** d) Miembros de la Diputación u órgano interinsular y por los Diputados y Senadores elegidos por ellas.

**7.** b) Comunidades Autónomas que siguen la vía especial.

**8.** d) Asamblea Legislativa de la Comunidad Autónoma.

**9.** b) Con criterios de representación proporcional.

**10.** a) El Fondo de Compensación Interterritorial.

**11.** b) Competencias que, en función de la Constitución, asume cada Comunidad Autónoma.

**12.** a) Siempre.

**13.** c) En las Comunidades Autónomas de vía común.

**14.** b) Congreso de los Diputados y Senado por ley orgánica.

**15.** b) Presidente de la Comunidad Autónoma.

# TEST N.º 4

## El Derecho Administrativo. Concepto y fuentes

**1. Señala cuál de las siguientes es una fuente indirecta de nuestro Derecho Administrativo:**

a) Los Reglamentos.
b) La Jurisprudencia.
c) Los Principios Generales del Derecho.
d) La Costumbre.

**2. ¿Qué tipo de fuente del Derecho Administrativo son los Reglamentos del Presidente del Gobierno?**

a) Directa.
b) Indirecta.
c) Directa subsidiaria.
d) No son fuente de nuestro Derecho Administrativo.

**3. ¿A quién atribuye la Constitución Española la titularidad de la potestad legislativa?**

a) Únicamente al Estado.
b) A las Cortes Generales exclusivamente.
c) Al Estado y las Comunidades Autónomas.
d) Al Estado, a las Comunidades Autónomas y a las Corporaciones Locales.

**4. ¿A quién atribuye el art. 91 de la Carta Magna la potestad para ordenar la inmediata publicación de las leyes aprobadas por las Cortes Generales?**

a) Al Rey.
b) Al Presidente del Gobierno.
c) Al Presidente del Congreso de los Diputados.
d) Al Presidente de la Mesa de la Cámara Baja.

**5. ¿Cómo se denominan las leyes por las que las Cortes Generales, en materia de competencia estatal, pueden atribuir a todas o a alguna de las Comunidades Autónomas la facultad de dictar, para sí mismas, normas legislativas en el marco de los principios, bases y directrices fijados por una ley estatal?**

a) Leyes orgánicas.
b) Leyes ordinarias.
c) Leyes marco.
d) Leyes de armonización.

**6. ¿En qué plazo sancionará el Rey las leyes aprobadas por las Cortes Generales?**

a) Un mes.
b) Veinte días.
c) Quince días.
d) Diez días.

**7. ¿Qué órgano de los siguientes promulga las leyes?**

a) El Rey.
b) El Presidente del Gobierno.
c) Las Cortes Generales.
d) El Presidente del Congreso.

**8. ¿Qué son los decretos legislativos?**

a) Disposiciones del Gobierno sobre derechos y deberes fundamentales.
b) Disposiciones de las cortes que contienen delegación legislativa.
c) Disposiciones del Poder Judicial que contienen delegación legislativa.
d) Disposiciones del Gobierno que contienen legislación delegada.

**9. En caso de extraordinaria y urgente necesidad, ¿qué disposición legislativa provisional podrá dictar el Gobierno?**

a) Decreto Legislativo.
b) Ley de bases.
c) Ley orgánica.
d) Decreto-Ley.

**10. Los Decretos-Leyes deberán de ser inmediatamente sometidos a debate y votación de totalidad:**

a) Al Senado.
b) Al Gobierno.
c) Al Congreso de los Diputados.
d) Todas las anteriores son correctas.

**11. Cuando las Asambleas de las CC AA remitan a la Mesa del Congreso una proposición de ley, delegarán ante dicha cámara para su defensa:**

a) Un máximo de 2 miembros de la Asamblea.
b) Un máximo de 3 miembros de la Asamblea.
c) Un máximo de 4 miembros de la Asamblea.
d) Un máximo de 5 miembros de la Asamblea.

**12. ¿Qué ley regulará las formas de ejercicio y requisitos de la iniciativa popular para la presentación de las proposiciones de ley?**

a) Una ley de bases.
b) Una ley ordinaria.
c) Una ley orgánica.
d) Todas son correctas.

**13. En caso de iniciativa legislativa popular, el número de firmas necesarias será de:**

a) 250.000 firmas acreditadas.
b) 500.000 firmas acreditadas.
c) 1.000.000 firmas acreditadas.
d) 1.250.000 firmas acreditadas.

**14. No procederá la iniciativa legislativa popular en materias:**

a) Propias de ley orgánica.
b) Tributarias o internacionales.
c) En lo relativo a la prerrogativa de gracia.
d) Todas las anteriores son correctas.

**15. ¿De qué plazo dispone el Senado para, mediante mensaje motivado, oponer su veto o introducir enmiendas a un proyecto de ley ordinaria u orgánica?**

a) Veinte días, a partir del día de la recepción del texto.
b) Un mes, a partir del día de la recepción del texto.
c) Dos meses, a partir del día de la recepción del texto.
d) Tres meses, a partir del día de la recepción del texto.

En MADTEST tienes **más preguntas de este tema**, y todos tus avances quedan registrados y se reflejan en el ranking.

**¡Supera tus límites con MADTEST!**

# Solución al test n.º 4

**1.** b) La Jurisprudencia.

**2.** a) Directa.

**3.** c) Al Estado y las Comunidades Autónomas.

**4.** a) Al Rey.

**5.** c) Leyes marco.

**6.** c) Quince días.

**7.** a) El Rey.

**8.** d) Disposiciones del Gobierno que contienen legislación delegada.

**9.** d) Decreto-Ley.

**10.** c) Al Congreso de los Diputados.

**11.** b) Un máximo de 3 miembros de la Asamblea.

**12.** c) Una ley orgánica.

**13.** b) 500.000 firmas acreditadas.

**14.** d) Todas las anteriores son correctas.

**15.** c) Dos meses, a partir del día de la recepción del texto.

# TEST N.º 5

## El acto administrativo. El procedimiento administrativo (Ley 39/2015, de 1 de octubre, del Procedimiento Administrativo Común de las Administraciones Públicas)

**1. El contenido eventual del acto supone:**

a) Que este puede estar condicionado.
b) Que se presume en todos los actos del mismo tipo.
c) Que es connatural con el acto de que se trate.
d) Su carácter reglado.

**2. La compulsión sobre las personas:**

a) Deriva de la propia esencia del acto administrativo.
b) Deriva del principio de ejecutividad de los actos administrativos.
c) Deriva de la posibilidad en manos de la Administración Pública de ejecutar forzosamente algunos actos administrativos.
d) Es similar al lanzamiento administrativo.

**3. Cuando algo necesariamente forma parte de un acto administrativo, hablamos de contenido:**

a) Natural.
b) Legal.
c) Eventual.
d) Implícito.

**4. El recurso de alzada contra actos que no agotan la vía administrativa es:**

a) Extraordinario.
b) La regla general.
c) Especial.
d) Inexistente.

**5. El recurso de alzada se presentará:**

a) Ante el superior jerárquico del órgano que dictó el acto.
b) Ante el Tribunal contencioso competente.

c) Ante el órgano que dictó el acto.

d) Indistintamente, ante el órgano que dictó el acto o el superior jerárquico que deba decidirlo.

**6. El recurso extraordinario de revisión por manifiesto error de hecho, que resulte de los propios documentos incorporados al expediente, debe plantearse:**

a) A los tres meses desde que se produjo.

b) A los cuatro años desde que se conoció.

c) Dentro de los cuatro años desde la notificación del acto.

d) No puede darse nunca aisladamente.

**7. En la notificación de todo acto administrativo no es necesario que conste siempre:**

a) Su texto íntegro.

b) Los recursos que contra el mismo procedan.

c) Los motivos en que se basa la decisión.

d) El plazo de interposición de los recursos.

**8. ¿Cuál es el medio utilizado por la Administración para el cobro de las cantidades líquidas adeudadas a la misma que voluntariamente no han sido abonadas por los obligados a ello?**

a) Apremio sobre el patrimonio.

b) Multa coercitiva.

c) Ejecución subsidiaria.

d) Compulsión sobre las personas.

**9. Según que la Administración, al dictarlos, se limite a aplicar una norma que le señala claramente la decisión a adoptar en el supuesto del hecho de que se trate, o tenga libertad en la emisión de dicho acto, pudiendo optar entre diversas alternativas que la ley le ofrece, pero sin olvidar que el fin de toda su actuación es el interés general, los actos administrativos se clasifican en:**

a) Actos únicos y actos múltiples.

b) Actos de trámite y actos complejos.

c) Actos directos y actos indirectos.

d) Actos reglados y actos discrecionales.

**10. La regla general cuando un acto infringe el ordenamiento jurídico es:**

a) Su anulabilidad.

b) Su validez temporal.

c) Su nulidad relativa.

d) Las respuestas a) y c) son correctas.

**11. Las resoluciones administrativas que vulneren lo establecido en una disposición reglamentaria son:**

a) Nulas.
b) Válidas.
c) Anulables.
d) Temporalmente válidas.

**12. Las cláusulas accesorias de un acto administrativo forman parte del contenido:**

a) Natural del acto.
b) Implícito del mismo.
c) Legal del acto.
d) Eventual del acto.

**13. Según pongan fin al expediente administrativo o formen parte del mismo, como una fase del mismo, sin tener carácter resolutivo, los actos administrativos se clasifican en:**

a) Actos definitivos y actos de trámite.
b) Actos propios y actos impropios.
c) Actos básicos y actos de trámite.
d) Actos únicos y actos múltiples.

**14. La compulsión sobre las personas no procede en los que:**

a) Comporten una obligación no personalísima de hacer.
b) Esta obligación sea personalísima de no hacer.
c) Esta obligación sea personalísima de soportar.
d) Se dé cualquiera de las circunstancias anteriores.

**15. La *reformatio in peius*, en materia de recursos:**

a) Se admite como regla general.
b) Solo se permite en materia sancionadora.
c) Se admite cuando el recurso está claramente infundado.
d) Está expresamente prohibida.

En MADTEST tienes **más preguntas de este tema**, y todos tus avances quedan registrados y se reflejan en el ranking.

**¡Supera tus límites con MADTEST!**

# Solución al test n.º 5

**1.** a) Que este puede estar condicionado.

**2.** c) Deriva de la posibilidad en manos de la Administración Pública de ejecutar forzosamente algunos actos administrativos.

**3.** a) Natural.

**4.** b) La regla general.

**5.** d) Indistintamente, ante el órgano que dictó el acto o el superior jerárquico que deba decidirlo.

**6.** c) Dentro de los cuatro años desde la notificación del acto.

**7.** c) Los motivos en que se basa la decisión.

**8.** a) Apremio sobre el patrimonio.

**9.** d) Actos reglados y actos discrecionales.

**10.** d) Las respuestas a) y c) son correctas.

**11.** a) Nulas.

**12.** d) Eventual del acto.

**13.** a) Actos definitivos y actos de trámite.

**14.** a) Comporten una obligación no personalísima de hacer.

**15.** d) Está expresamente prohibida.

## El contrato administrativo. Concepto, tipos, principios, características y elementos. Adjudicación. Ejecución. Ley 9/2017, de 8 de noviembre, de Contratos del Sector Público, por la que se transponen al ordenamiento jurídico español las Directivas del Parlamento Europeo y del Consejo 2014/23/UE y 2014/24/UE, de 26 de febrero de 2014

**1. Señala la opción incorrecta. Es objeto de la Ley 9/2017, regular la contratación del sector público, a fin de garantizar que la misma se ajusta a los principios de:**

a) Simplificación de la formalización de los contratos.
b) Libertad de acceso a las licitaciones.
c) No discriminación e igualdad de trato entre los licitadores.
d) Publicidad y transparencia de los procedimientos.

**2. Los contratos que tienen por objeto la adquisición, el arrendamiento financiero, o el arrendamiento, con o sin opción de compra, de productos o bienes muebles, son:**

a) Contratos de servicios.
b) Contratos de suministro.
c) Contratos de obras.
d) Contratos de gestión de servicios públicos.

**3. No se consideran contratos de suministros:**

a) Aquellos en los que el empresario se obligue a entregar una pluralidad de bienes de forma sucesiva y por precio unitario sin que la cuantía total se defina con exactitud al tiempo de celebrar el contrato, por estar subordinadas las entregas a las necesidades del adquirente.
b) Los que tengan por objeto la adquisición y el arrendamiento de equipos y sistemas de telecomunicaciones o para el tratamiento de la información, sus dispositivos y programas, y la cesión del derecho de uso de estos últimos.

c) Los de adquisición de programas de ordenador desarrollados a medida.

d) Los de fabricación, por los que la cosa o cosas que hayan de ser entregadas por el empresario deban ser elaboradas con arreglo a características peculiares fijadas previamente por la entidad contratante, aun cuando esta se obligue a aportar, total o parcialmente, los materiales precisos.

**4. En un contrato de concesión de obras, cuando no esté garantizado que, en condiciones normales de funcionamiento, el concesionario vaya a recuperar las inversiones realizadas ni a cubrir los costes en que hubiera incurrido como consecuencia de la explotación de las obras que sean objeto de la concesión, se considerará que el mismo asume un riesgo:**

a) Operacional.
b) Virtual.
c) General.
d) Provisional.

**5. No podrán ser objeto de los contratos de servicios:**

a) Los que impliquen ejercicio de la autoridad inherente a los poderes públicos.
b) Los que impliquen el desarrollo o mantenimiento de aplicaciones informáticas.
c) Los que tengan por objeto el desarrollo y la puesta a disposición de productos protegidos por un derecho de propiedad intelectual o industrial.
d) Los que tengan por objeto la prestación de actividades docentes en centros del sector público desarrolladas en forma de cursos de formación o perfeccionamiento del personal al servicio de la Administración.

**6. Para la Directiva 2014/23/UE, de 26 de febrero de 2014, relativa a la adjudicación de contratos de concesión, el criterio delimitador del contrato de concesión de servicios respecto del contrato de servicios es:**

a) La cuantificación del coste.
b) Quién asume el riesgo operacional.
c) La exigencia o no de la clasificación del empresario.
d) La publicación en boletín oficial.

**7. Un conjunto de trabajos de construcción o de ingeniería civil, destinado a cumplir por sí mismo una función económica o técnica, que tenga por objeto un bien inmueble, es denominado por la Ley 9/2017:**

a) Una infraestructura.
b) Patrimonio material.
c) Una obra.
d) Un servicio público.

**8. ¿Qué tipo de contrato fue suprimido por la Ley 9/2017 de Contratos del Sector Público?**

a) El contrato de servicios.
b) El contrato mixto.
c) El contrato de concesión de servicios.
d) El contrato de colaboración público-privada.

**9. Deberá elaborarse un proyecto y tramitarse como la Ley 9/2017 dispone para los contratos de obras, el contrato mixto en que un elemento del contrato sea una obra y esta supere:**

a) Los 50.000 euros.
b) Los 100.000 euros.
c) Los 5.000 euros.
d) Los 10.000 euros.

**10. Conforme a su Preámbulo, los objetivos que inspiran la regulación contenida en la Ley 9/2017, de 8 de noviembre, de Contratos del Sector Público, son, en primer lugar, lograr una mayor transparencia en la contratación pública, y en segundo lugar:**

a) Definir claramente los elementos del perfil del contratante.
b) Delimitar los requisitos de los distintos tipos de contratos.
c) Armonizar la normativa básica de los países de la Unión Europea.
d) Conseguir una mejor relación calidad-precio.

**11. En toda contratación pública se incorporarán de manera transversal y preceptiva criterios sociales y medioambientales:**

a) En todo caso.
b) Siempre que guarde relación con el objeto del contrato.
c) Siempre que se garantice la relación calidad-precio.
d) Como criterio decisorio en caso de igualdad de ofertas.

**12. ¿Cuál de los siguientes contratos que celebren los poderes adjudicadores se perfecciona con su formalización?**

a) Contratos basados en un acuerdo marco.
b) Contratos específicos en el marco de un sistema dinámico de adquisición.
c) Contratos adjudicados mediante un procedimiento abierto.
d) Contratos menores.

**13. Señala la opción incorrecta. Solo podrán contratar con el sector público las personas naturales o jurídicas:**

a) Que tengan plena capacidad de obrar.
b) Que no estén incursas en una prohibición de contratar.

c) Que tengan la nacionalidad española.

d) Que acrediten su solvencia económica, financiera y técnica o profesional o se encuentren debidamente clasificadas.

**14. ¿Cuáles de los siguientes contratos que celebren los poderes adjudicadores se perfeccionan de conformidad con la legislación por la que se rijan?**

a) Los contratos basados en un acuerdo marco.

b) Los contratos menores.

c) Los contratos específicos en el marco de un sistema dinámico de adquisición.

d) Los contratos subvencionados sujetos a regulación armonizada.

**15. En relación al objeto del contrato, NO es cierto que:**

a) En los contratos adjudicados por lotes, sólo se constituye un único contrato por todo el conjunto.

b) Cuando el órgano de contratación proceda a la división en lotes del objeto del contrato, podrá limitar el número de lotes para los que un mismo candidato o licitador puede presentar oferta.

c) Siempre que la naturaleza o el objeto del contrato lo permitan, deberá preverse la realización independiente de cada una de sus partes mediante su división en lotes.

d) El objeto del contrato se podrá definir en atención a las necesidades o funcionalidades concretas que se pretenden satisfacer, sin cerrar el objeto del contrato a una solución única.

En MADTEST tienes **más preguntas de este tema,** y todos tus avances quedan registrados y se reflejan en el ranking.

**¡Supera tus límites con MADTEST!**

# Solución al test n.º 6

**1.** a) Simplificación de la formalización de los contratos.

**2.** b) Contratos de suministro.

**3.** c) Los de adquisición de programas de ordenador desarrollados a medida.

**4.** a) Operacional.

**5.** a) Los que impliquen ejercicio de la autoridad inherente a los poderes públicos.

**6.** b) Quién asume el riesgo operacional.

**7.** c) Una obra.

**8.** d) El contrato de colaboración público-privada.

**9.** a) Los 50.000 euros.

**10.** d) Conseguir una mejor relación calidad-precio.

**11.** b) Siempre que guarde relación con el objeto del contrato.

**12.** c) Contratos adjudicados mediante un procedimiento abierto.

**13.** c) Que tengan la nacionalidad española.

**14.** d) Los contratos subvencionados sujetos a regulación armonizada.

**15.** a) En los contratos adjudicados por lotes, sólo se constituye un único contrato por todo el conjunto.

## El personal al servicio de las Administraciones Públicas. Régimen jurídico. Derechos y deberes del personal al servicio de la Administración Pública

**1. Señala la respuesta incorrecta. La designación de personal directivo:**

a) Atenderá a principios de mérito y capacidad.
b) Se llevará a cabo mediante procedimientos que garanticen la publicidad y concurrencia.
c) Supone la adquisición de la condición de personal eventual.
d) Atenderá a criterios de idoneidad.

**2. El vigente texto refundido de la Ley del Estatuto Básico del Empleado Público fue aprobado por:**

a) Real Decreto Legislativo 5/2015, de 30 de octubre.
b) Real Decreto Legislativo 2/2015, de 23 de octubre.
c) Real Decreto Legislativo 3/2015, de 23 de octubre.
d) Real Decreto Legislativo 6/2015, de 30 de octubre.

**3. El Reglamento de Régimen Disciplinario de los funcionarios de la Administración del Estado fue aprobado por:**

a) Real Decreto 365/1995, de 10 de marzo.
b) Real Decreto 1451/2005, de 7 de diciembre.
c) Real Decreto 364/1995, de 10 de marzo.
d) Real Decreto 33/1986, de 10 de enero.

**4. En relación con el personal eventual, es cierto que:**

a) Será retribuido con cargo a los créditos presupuestarios consignados para el personal funcionario.
b) La condición de personal eventual constituirá mérito en la fase de concurso para el acceso a la Función Pública.

c) Su cese tendrá lugar, en todo caso, cuando se produzca el de la autoridad a la que se preste la función de confianza o asesoramiento.

d) La condición de personal eventual computará como mérito para la promoción interna.

**5. El Reglamento General de Ingreso del Personal al servicio de la Administración general del Estado y de Provisión de Puestos de Trabajo y Promoción Profesional de los Funcionarios Civiles de la Administración General del Estado, fue aprobado por:**

a) El Real Decreto 1451/2005, de 7 de diciembre.
b) El Real Decreto 2271/2004, de 3 de diciembre.
c) El Real Decreto 543/2001, de 18 de mayo.
d) El Real Decreto 364/1995, de 10 de marzo.

**6. Es un fundamento de actuación reflejado en el EBEP, según su artículo 1.3:**

a) Evaluación y responsabilidad de los órganos directivos.
b) Cooperación entre las Administraciones Públicas en la regulación y gestión del empleo público.
c) Negociación colectiva y participación en la atribución, ordenación y desempeño de las funciones y tareas.
d) Servicio a la Administración y a los intereses del Gobierno.

**7. Según el artículo 1.3 del EBEP, la objetividad, profesionalidad e imparcialidad en el servicio se garantizan con:**

a) El desarrollo y cualificación profesional permanente de los empleados públicos.
b) La igualdad de trato entre mujeres y hombres.
c) La participación, a través de los representantes, en la determinación de las condiciones de empleo.
d) La inamovilidad en la condición de funcionario de carrera.

**8. El título IV del EBEP se refiere a:**

a) Los derechos y deberes. Código de conducta de los empleados públicos.
b) Los derechos retributivos.
c) La adquisición y pérdida de la relación de servicio.
d) La cooperación entre las Administraciones Públicas.

**9. ¿Es aplicable a los funcionarios interinos el régimen general de los funcionarios de carrera?**

a) Sí, en todo caso; independientemente de que el nombramiento tenga o no carácter extraordinario y urgente.
b) No, en ningún caso. Tienen su propio régimen general.

c) Sí, en cuanto sea adecuado a la naturaleza de su condición y al carácter extraordinario y urgente de su nombramiento, salvo aquellos derechos inherentes a la condición de funcionario de carrera.

d) No, se rigen por un convenio colectivo de carácter estatal.

**10. Siguiendo el RD-L 6/2023, de 19 de diciembre, por el que se aprueban medidas urgentes para la ejecución del Plan de Recuperación, Transformación y Resiliencia en materia de servicio público de justicia, función pública, régimen local y mecenazgo, NO es cierto, en relación a la evaluación del desempeño, que:**

a) La evaluación del desempeño positiva de cada período evaluado se tendrá en cuenta en la valoración del mérito de experiencia en los procesos de selección y provisión y para su aplicación en la progresión en los tramos de la carrera profesional horizontal.

b) La conducta profesional se valorará conforme al código de conducta establecido en el capítulo VI del título III del texto refundido de la Ley del Estatuto Básico del Empleado Público y se presumirá positiva salvo valoración negativa expresa y motivada.

c) Los resultados de la evaluación del desempeño serán de conocimiento general.

d) Las normas que fijen los criterios y mecanismos generales en materia de evaluación del desempeño serán objeto de negociación colectiva.

**11. Pueden nombrarse funcionarios interinos para la ejecución de programas de carácter temporal, que no podrán tener una duración:**

a) Inferior a 12 meses ni superior a 3 años.

b) Inferior a 3 años.

c) Superior a 3 años, ampliables hasta 12 meses más por las leyes de Función Pública que se dicten en desarrollo del EBEP.

d) Superior a 12 meses, prorrogables hasta 3 meses más.

**12. Podrá nombrarse personal funcionario interino por exceso o acumulación de tareas:**

a) Por plazo máximo de nueve meses, dentro de un periodo de dieciocho meses.

b) Por un plazo mínimo de 3 meses y máximo de 1 año.

c) Por un plazo máximo de 3 años, ampliable hasta doce meses más por las leyes de Función Pública que se dicten en desarrollo del TR-LEBEP.

d) Por plazo máximo de doce meses, dentro de un periodo de dieciocho meses.

**13. El artículo 1.3 del EBEP, refleja como un fundamento de actuación el servicio a los ciudadanos y a:**

a) Los intereses generales.

b) Los derechos y libertades de los ciudadanos.

c) Las Administraciones Públicas.

d) La Ley y el Derecho.

**14. En la atribución, ordenación y desempeño de las funciones y tareas, el artículo 1.3. del EBEP señala como fundamento de actuación:**

a) La igualdad.
b) La jerarquía.
c) La eficacia.
d) La transparencia.

**15. En la clasificación de los empleados públicos que realiza el artículo 8 del EBEP, no figura:**

a) Funcionario interino.
b) Personal laboral.
c) Funcionario de carrera.
d) Personal temporal.

En MADTEST tienes **más preguntas de este tema**, y todos tus avances quedan registrados y se reflejan en el ranking.

**¡Supera tus límites con MADTEST!**

# Solución al test n.º 7

**1.** c) Supone la adquisición de la condición de personal eventual.

**2.** a) Real Decreto Legislativo 5/2015, de 30 de octubre.

**3.** d) Real Decreto 33/1986, de 10 de enero.

**4.** c) Su cese tendrá lugar, en todo caso, cuando se produzca el de la autoridad a la que se preste la función de confianza o asesoramiento.

**5.** d) El Real Decreto 364/1995, de 10 de marzo.

**6.** b) Cooperación entre las Administraciones Públicas en la regulación y gestión del empleo público.

**7.** d) La inamovilidad en la condición de funcionario de carrera.

**8.** c) La adquisición y pérdida de la relación de servicio.

**9.** c) Sí, en cuanto sea adecuado a la naturaleza de su condición y al carácter extraordinario y urgente de su nombramiento, salvo aquellos derechos inherentes a la condición de funcionario de carrera.

**10.** c) Los resultados de la evaluación del desempeño serán de conocimiento general.

**11.** c) Superior a 3 años, ampliables hasta 12 meses más por las leyes de Función Pública que se dicten en desarrollo del EBEP.

**12.** a) Por plazo máximo de nueve meses, dentro de un periodo de dieciocho meses.

**13.** a) Los intereses generales.

**14.** b) La jerarquía.

**15.** d) Personal temporal.

# TEST N.º 8

**Los procesos selectivos en la Administración Pública. Principios Constitucionales. Selección de Personal en la Administración General del Estado. Incompatibilidades del personal al servicio de las Administraciones Públicas**

**1. La Oferta de empleo público o instrumento similar comportará la obligación de convocar los correspondientes procesos selectivos para las plazas comprometidas y hasta:**

a) Un 10 % adicional.
b) Un 15 % adicional.
c) Un 20 % adicional.
d) Un 30 % adicional.

**2. La ejecución de la oferta de empleo público deberá desarrollarse dentro del plazo improrrogable de:**

a) 1 año.
b) 2 años.
c) 3 años.
d) 5 años.

**3. Señala la opción incorrecta. El acceso al empleo público se efectuará de acuerdo con los principios constitucionales de:**

a) Capacidad.
b) Mérito.
c) Igualdad.
d) Participación.

**4. ¿Cuál es la edad mínima para poder participar en los procesos selectivos de acceso al empleo público?**

a) 14 años.
b) 16 años.
c) 17 años.
d) 18 años.

**5. Según el EBEP, en las ofertas de empleo público se reservará un cupo de las vacantes para ser cubiertas entre personas con discapacidad, no inferior al:**

a) 2 %.
b) 5 %.
c) 7 %.
d) 10 %.

**6. Podrán formar parte de los órganos de selección:**

a) El personal eventual.
b) Los funcionarios interinos.
c) El personal de designación política.
d) El personal laboral.

**7. ¿Puede utilizarse el sistema de concurso de valoración de méritos para la selección de personal funcionario de carrera?**

a) No, sólo se permiten los sistemas de oposición y concurso-oposición.
b) Excepcionalmente, en virtud de ley.
c) Sí, es uno de los sistemas permitidos.
d) Únicamente para la consolidación de empleo.

**8. Señala la opción incorrecta en relación a los órganos de selección:**

a) La pertenencia a los órganos de selección será a título representativo, ya sea de la administración o de las organizaciones sindicales.
b) Los órganos de selección serán colegiados.
c) El personal de elección o de designación política, los funcionarios interinos y el personal eventual no podrán formar parte de los órganos de selección.
d) En la composición de los órganos de selección se tenderá a la paridad entre mujer y hombre.

**9. ¿Pueden los órganos de selección proponer el acceso a la condición de funcionario de un número superior de aprobados al de plazas convocadas?**

a) No, en ningún caso.
b) Sí, siempre que no sobrepasen el 10% de las plazas convocadas, con objeto de cubrir posibles renuncias de los aspirantes seleccionados.
c) Sí, si así lo prevé la propia convocatoria.
d) Sí, a efectos de creación de listas de reserva.

**10. ¿Puede eximirse del requisito de la nacionalidad para el acceso a la condición de personal funcionario?**

a) Sí, por interés general valorado por el órgano selectivo.
b) No, en ningún caso.

c) Sí, cuando así lo considere oportuno el órgano selectivo.

d) Sólo por ley de las Cortes Generales o de las asambleas legislativas de las comunidades autónomas, por razones de interés general.

**11. La reserva de plazas en las ofertas de empleo público para personas con discapacidad se realizará de manera que, al menos sean para ser cubiertas por personas que acrediten discapacidad intelectual un porcentaje del:**

a) 1 %.

b) 2 %.

c) 3 %.

d) 5 %.

**12. En relación a las pruebas selectivas por el cupo de reserva de personas con discapacidad, no es cierto que:**

a) En el supuesto de que alguno de los aspirantes con discapacidad superase los ejercicios correspondientes, pero no obtuviera plaza y su puntuación fuera superior a la obtenida por otros aspirantes del sistema de acceso general, será incluido por su orden de puntuación en el sistema de acceso general.

b) Las pruebas selectivas tendrán idéntico contenido para todos los aspirantes, independientemente del turno por el que se opte.

c) Durante el procedimiento selectivo se dará un único tratamiento de los dos turnos, en lo que se refiere a las relaciones de admitidos, los llamamientos a los ejercicios y la relación de aprobados.

d) En el ámbito de la Administración General del Estado, el órgano convocante podrá solicitar al Ministerio competente en materia de Función Pública la realización de convocatorias independientes, no supeditadas a las ordinarias, en las que las plazas estarán reservadas a personas con discapacidad.

**13. Una vez se publiquen en el «Boletín Oficial del Estado» las relaciones definitivas de aprobados, los aspirantes propuestos contarán para aportar ante la Administración los documentos acreditativos de las condiciones de capacidad y requisitos exigidos en la convocatoria, con un plazo de:**

a) 10 días naturales.

b) 15 días hábiles.

c) 20 días naturales.

d) 1 mes.

**14. Según el artículo 23.2 de la Constitución, los ciudadanos tienen derecho a acceder en condiciones de igualdad a las funciones y cargos públicos:**

a) Siempre que tengan la nacionalidad española.

b) Con los requisitos que exijan las bases de las convocatorias.

c) Sin ningún tipo de limitación.

d) Con los requisitos que señalen las leyes.

**15. En relación al acceso al empleo público; la experiencia, formación y perfeccionamiento recibidos, publicaciones efectuadas, cursos impartidos y similares son elementos que tienen que ver con el principio constitucional de:**

a) Igualdad.
b) Publicidad.
c) Capacidad.
d) Mérito.

En MADTEST tienes **más preguntas de este tema,** y todos tus avances quedan registrados y se reflejan en el ranking.

**¡Supera tus límites con MADTEST!**

# Solución al test n.º 8

**1.** a) Un 10 % adicional.

**2.** c) 3 años.

**3.** d) Participación.

**4.** b) 16 años.

**5.** c) 7 %.

**6.** d) El personal laboral.

**7.** b) Excepcionalmente, en virtud de ley.

**8.** a) La pertenencia a los órganos de selección será a título representativo, ya sea de la administración o de las organizaciones sindicales.

**9.** c) Sí, si así lo prevé la propia convocatoria.

**10.** d) Sólo por ley de las Cortes Generales o de las asambleas legislativas de las comunidades autónomas, por razones de interés general.

**11.** b) 2 %.

**12.** c) Durante el procedimiento selectivo se dará un único tratamiento de los dos turnos, en lo que se refiere a las relaciones de admitidos, los llamamientos a los ejercicios y la relación de aprobados.

**13.** c) 20 días naturales.

**14.** d) Con los requisitos que señalen las leyes.

**15.** d) Mérito.

**El IV Convenio único para el personal laboral de la Administración General del Estado. Sistema de clasificación. Órganos de seguimiento y aplicación del Convenio: Comisión Negociadora y Comisión Paritaria. Grupos de trabajo y Subcomisiones de la Comisión Paritaria. Organización del trabajo. Provisión de puestos y movilidad. Derechos y obligaciones. Régimen disciplinario**

**1. ¿Cómo denomina el IV Convenio colectivo a la clasificación que agrupa unitariamente las aptitudes profesionales, las titulaciones y el contenido general de la prestación laboral que se corresponde con las mismas?**

a) Grupo profesional.
b) Área funcional.
c) Especialidad profesional.
d) Categoría funcional.

**2. Indica a qué personal no resulta de aplicación el IV Convenio Colectivo Único para el personal laboral de la Administración General del Estado:**

a) Al personal laboral del Consejo de Seguridad Nuclear.
b) Al personal laboral de la Agencia de Protección de Datos.
c) Al personal laboral que presta servicios en el exterior.
d) Al personal que presta servicios en la Administración de Justicia no transferida.

**3. ¿En qué fecha fue suscrito el IV Convenio Colectivo Único para el personal laboral de la Administración General del Estado?**

a) El 21 de febrero de 2019.
b) El 4 de marzo de 2019.
c) El 15 de junio de 2019.
d) El 31 de julio de 2019.

**4. ¿Cuál de las siguientes titulaciones se exige para poder estar incluido en el Grupo profesional M3, según el IV Convenio Colectivo?**

a) Título clasificado en el Nivel 3 del Marco Español de Cualificaciones para la Educación Superior o equivalentes.
b) Título de Graduado en Educación Secundaria Obligatoria o Título Profesional Básico o equivalentes.
c) Título clasificado en el Nivel 1 del Marco Español de Cualificaciones para la Educación Superior o equivalentes.
d) Título de Bachiller o Técnico o equivalentes.

**5. ¿De qué fecha es la Resolución de la Dirección General de Trabajo por la que el IV Convenio Colectivo fue inscrito en el Registro?**

a) De 13 de mayo de 2019.
b) De 3 de noviembre de 2019.
c) De 12 de noviembre de 2019.
d) De 13 de diciembre de 2019.

**6. ¿En qué fecha se procedió a la publicación en el Boletín Oficial del Estado del IV Convenio Colectivo Único para el personal laboral de la Administración General del Estado?**

a) El 18 de enero de 2019.
b) El 21 de febrero de 2019.
c) El 13 de mayo de 2019.
d) El 30 de junio de 2019.

**7. ¿Cómo se denomina al documento que para cada centro directivo contempla la totalidad de los puestos, su ubicación, los grupos profesionales, familias profesionales y/o especialidades y complementos de puesto, así como las características específicas del mismo, cuando proceda, y, en su caso, los requisitos de carácter profesional necesarios para su desempeño, según el modelo aprobado al efecto?**

a) Listado de grupos profesionales.
b) Relaciones de puesto de trabajo.
c) Compendio de funciones laborales.
d) Informe anual de puestos laborales.

**8. El sistema de clasificación que se contempla en el IV Convenio se estructura en:**

a) Áreas profesionales, familias profesionales y/o especialidades.
b) Grupos profesionales, categorías funcionales y/o especialidades.
c) Grupos profesionales, familias profesionales y/o especialidades.
d) Áreas funcionales, familias profesionales y/o especialidades.

**9. Los planes para la adecuación de los recursos humanos podrán contener:**

a) Cursos de formación y capacitación.
b) Medidas específicas de promoción interna.
c) Prestación de servicios a tiempo parcial.
d) Todas las respuestas son correctas.

**10. ¿Qué titulación se exige para el ingreso en el Grupo profesional E2?**

a) Sin titulación prevista en el sistema educativo.
b) Título de Graduado en Educación Secundaria Obligatoria o Título Profesional Básico o equivalentes.
c) Título de Bachiller o Técnico o equivalentes.
d) Título clasificado en el Nivel 1 del Marco Español de Cualificaciones para la Educación Superior o equivalentes.

**11. La modificación de la clasificación profesional de determinados colectivos de personal sólo podrá ser aprobada por:**

a) La Comisión Negociadora del Convenio.
b) La Subcomisión Paritaria correspondiente a la que pertenezca ese colectivo.
c) La Comisión Paritaria.
d) La Dirección General de Trabajo.

**12. ¿Qué titulación se exige para el ingreso en el Grupo profesional E0?**

a) Sin titulación prevista en el sistema educativo.
b) Título de Graduado en Educación Secundaria Obligatoria o Título Profesional Básico o equivalentes.
c) Título de Bachiller o Técnico o equivalentes.
d) Título clasificado en el Nivel 1 del Marco Español de Cualificaciones para la Educación Superior o equivalentes.

**13. ¿Cuándo remitirá la Administración a quienes forman parte de la Comisión Paritaria las correspondientes relaciones de puestos de trabajo aprobadas, con expresión de los puestos que se encuentren vacantes el día primero del mes anterior a la citada fecha?**

a) Antes del 31 de mayo de cada año.
b) Antes del 1 de junio de cada año.
c) Antes del 30 de junio de cada año.
d) Antes del 1 de julio de cada año.

**14. Según el IV Convenio Colectivo, ¿cuál de los siguientes no será un criterio inspirador de la organización del trabajo?**

a) La profesionalización y promoción del personal laboral.
b) La segregación y control de los trabajadores subcontratados.

c) La racionalización, simplificación y mejora de los procesos y métodos de trabajo.

d) La adecuación y suficiencia de las plantillas a las necesidades del servicio.

**15. Las partes que suscriben el IV Convenio reconocen a la Comisión Paritaria como instancia previa en la que habrá de intentarse, en primer término, la solución de los conflictos colectivos que se susciten en el ámbito del mismo. Cualquier conflicto de interpretación o aplicación del Convenio que se plantee por cualquiera de las partes requerirá el examen previo del mismo en la Comisión Paritaria en el plazo máximo desde su interposición de:**

a) Un año.

b) Tres meses.

c) Dos meses.

d) Un mes.

En MADTEST tienes **más preguntas de este tema**, y todos tus avances quedan registrados y se reflejan en el ranking.

**¡Supera tus límites con MADTEST!**

# Solución al test n.º 9

**1.** a) Grupo profesional.

**2.** c) Al personal laboral que presta servicios en el exterior.

**3.** b) El 4 de marzo de 2019.

**4.** a) Título clasificado en el Nivel 3 del Marco Español de Cualificaciones para la Educación Superior o equivalentes.

**5.** a) De 13 de mayo de 2019.

**6.** c) El 13 de mayo de 2019.

**7.** b) Relaciones de puesto de trabajo.

**8.** c) Grupos profesionales, familias profesionales y/o especialidades.

**9.** d) Todas las respuestas son correctas.

**10.** c) Título de Bachiller o Técnico o equivalentes.

**11.** a) La Comisión Negociadora del Convenio.

**12.** a) Sin titulación prevista en el sistema educativo.

**13.** a) Antes del 31 de mayo de cada año.

**14.** b) La segregación y control de los trabajadores subcontratados.

**15.** c) Dos meses.

## El contrato de trabajo en la Administración Pública. Modalidades. Suspensión. Extinción. Sus causas. El despido. Sindicación del personal Laboral. Comités de Empresa y Delegados de Personal

**1. El despido disciplinario:**

a) Puede ser verbal.
b) En la carta de despido ha de calificarse jurídicamente el incumplimiento.
c) Se debe preavisar al trabajador con 15 días de antelación, al menos.
d) No cabe la forma verbal. Carta de despido por escrito.

**2. A partir de junio de 2025 se exigirá una titulación concreta para ejercer el puesto de trabajo de XXX. ¿Qué ocurrirá con la situación de los empleados públicos laborales que a esa fecha continúen ejerciendo el puesto de trabajo de XXX sin la titulación requerida?**

a) Despido disciplinario. Deberían haber obtenido la titulación: transgresión de la buena fe contractual.
b) No puede hacer nada la Administración. Sí podrá que. para futuras convocatorias. se establezca como requisito de admisión el contar con ese título para ejercer el puesto de trabajo.
c) Despido objetivo por ineptitud sobrevenida.
d) Despido colectivo si afecta a un número determinado de trabajadores.

**3. No es requisito exigible para confeccionar la carta de despido objetivo:**

a) La categoría profesional del trabajador afectado.
b) Hechos.
c) Indemnización.
d) Fecha efectos del despido.

**4. ¿Cuál de las siguientes afirmaciones es falsa?**

a) Los representantes de los trabajadores y de los funcionarios públicos son los delegados de personal y el comité de empresa.

b) El comité intercentros solo existe si lo prevé el convenio colectivo de aplicación.

c) Las juntas de personal son exclusivas de representación de los funcionarios públicos.

d) La regulación de los representantes unitarios de los trabajadores al servicio de la Administración se regula en el Estatuto de los Trabajadores.

**5. Se designan delegados de personal si:**

a) Siempre, sea cual fuere el tamaño de la empresa o centro de trabajo.

b) Siempre que por mayoría simple los trabajadores así lo decidan.

c) Siempre que por mayoría absoluta los trabajadores así lo decidan.

d) El centro de trabajo o empresa cuenta con, al menos, 11 trabajadores.

**6. En el centro de trabajo de Madrid capital hay 30 trabajadores. En San Fernando de Henares son 20 trabajadores. Procede designar:**

a) Delegados de personal en cada uno de los dos centros de trabajo.

b) Se puede elegir entre comité de empresa conjunto (uniendo los dos centros de trabajo) o delegados de personal en cada centro.

c) Comité intercentros.

d) No se puede elegir. Se designará comité de empresa conjunto.

**7. Francisco es delegado de personal. Recientemente ha sido entrevistado por un diario de amplia difusión nacional en donde ha denunciado las irregularidades cometidas por su empresa. Esta le despide por transgresión de la buena fe contractual. ¿Está amparada la conducta del empresario?**

a) No. El despido es nulo.

b) No. El despido de un representante de los trabajadores, sea cual fuere la causa esgrimida por el empresario, será nulo.

c) Sí, siempre que la empresa demuestre el daño que ha hecho ese trabajador a su imagen corporativa.

d) No. Es un despido improcedente.

**8. Los representantes de los trabajadores:**

a) No pueden ser trasladados.

b) No pueden ser despedidos.

c) Tienen prioridad de permanencia ante determinadas medidas suspensivas y extintivas.

d) Tienen inmunidad.

**9. Se ha despedido a Anita. Ella está embarazada y entiende que la única razón por la que el empresario ha extinguido su contrato ha sido esa. El despido será:**

a) Nulo. Ha sido discriminada.
b) Improcedente.
c) Procedente, pues seguro que si está embarazada su rendimiento bajará.
d) Nulo. Razón autónoma de nulidad.

**10. Si se declara la nulidad de un despido:**

a) El trabajador tiene derecho a optar entre la readmisión o la indemnización.
b) El empresario optaría entre la readmisión o la indemnización.
c) No hay derecho de opción. Reintegrar al puesto de trabajo.
d) La anterior y abono de los salarios de tramitación.

**11. Es causa de suspensión del contrato de trabajo:**

a) Las vacaciones.
b) La muerte del empresario.
c) La ineptitud sobrevenida del trabajador.
d) La situación de riesgo durante la lactancia.

**12. Si la carta de despido disciplinario no contiene una descripción de los hechos imputados al trabajador:**

a) Ese despido será declarado improcedente.
b) El despido se declara procedente si en el transcurso del procedimiento judicial se prueba el ilícito que cometió el trabajador.
c) El despido es nulo.
d) El juez decidirá en sentencia si el despido es nulo o improcedente.

**13. La indemnización prevista legalmente en el supuesto de declaración improcedente del despido disciplinario u objetivo es de:**

a) Depende. Para la improcedencia del despido objetivo se señala una cantidad y para la improcedencia del despido disciplinario otra diferente.
b) 33 días de salario por año de servicio con un máximo de 24 mensualidades.
c) 45 días de salario por año de servicio con el máximo de 42 mensualidades.
d) 20 días de salario por año de servicio con el máximo de 24 mensualidades.

**14. La dimisión:**

a) El trabajador ha de preavisar al empresario de su voluntad extintiva.
b) La anterior y si no lo hiciera no se extinguirá la relación laboral.
c) Es una situación legal de desempleo.
d) Si el trabajador hubiera suscrito un pacto de permanencia, no tendrá derecho a dimitir.

### 15. El derecho a la libertad sindical:

a) No es un derecho fundamental.
b) Se encuentra regulado a través de un Real Decreto Ley preconstitucional.
c) Se encuentra regulado a través de una ley orgánica.
d) No existe mención constitucional a ella.

En MADTEST tienes **más preguntas de este tema**, y todos tus avances quedan registrados y se reflejan en el ranking.

**¡Supera tus límites con MADTEST!**

# Solución al test n.º 10

**1.** d) No cabe la forma verbal. Carta de despido por escrito.

**2.** c) Despido objetivo por ineptitud sobrevenida.

**3.** a) La categoría profesional del trabajador afectado.

**4.** a) Los representantes de los trabajadores y de los funcionarios públicos son los delegados de personal y el comité de empresa.

**5.** d) El centro de trabajo o empresa cuenta con, al menos, 11 trabajadores.

**6.** d) No se puede elegir. Se designará comité de empresa conjunto.

**7.** a) No. El despido es nulo.

**8.** c) Tienen prioridad de permanencia ante determinadas medidas suspensivas y extintivas.

**9.** d) Nulo. Razón autónoma de nulidad.

**10.** d) La anterior y abono de los salarios de tramitación.

**11.** d) La situación de riesgo durante la lactancia.

**12.** a) Ese despido será declarado improcedente.

**13.** b) 33 días de salario por año de servicio con un máximo de 24 mensualidades.

**14.** a) El trabajador ha de preavisar al empresario de su voluntad extintiva.

**15.** c) Se encuentra regulado a través de una ley orgánica.

## Presupuestos Generales del Estado. Estructura.
## El ciclo presupuestario: elaboración, ejecución y control

**1. Los Presupuestos Generales del Estado constituyen la expresión cifrada, conjunta y sistemática de:**

a) Las obligaciones que, como máximo, pueden reconocer el Estado y sus Organismos Autónomos y los derechos que se prevean liquidar durante el correspondiente ejercicio.

b) La totalidad de las obligaciones que haya de atender la Seguridad Social.

c) Las estimaciones de gastos e ingresos a realizar por las Sociedades Estatales.

d) Todas las respuestas anteriores son correctas.

**2. Corresponde el examen, enmienda, y aprobación de los Presupuestos Generales del Estado, según el art.134.1 de la Constitución:**

a) Al Gobierno.

b) Al Estado.

c) A las Cortes Generales.

d) Al Tribunal de Cuentas.

**3. Conforme al principio de presupuesto bruto:**

a) Se ha de disponer de un cuadro único de ingreso y pagos.

b) El presupuesto debe contener la totalidad de los gastos y los ingresos, de forma separada.

c) Los ingresos y gastos deben reflejarse en el Presupuesto, sin detracción alguna, por su importe integro.

d) Los ingresos y gastos de la Hacienda Pública están incluidos en un único presupuesto.

**4. No es un principio político presupuestario:**

a) Especialidad.
b) Especificación.
c) Unidad.
d) Competencia.

**5. El principio de universalidad:**

a) Establece que el presupuesto debe contener la totalidad de los gastos y los ingresos, de forma separada.
b) Significa el disponer de un cuadro único de ingresos y pagos que permita una visión clara de la posición financiera del grupo político.
c) Quiere decir que todos los recursos asignados en el presupuesto a un determinado objetivo deberán invertirse exclusivamente en dicha finalidad.
d) Ninguna de las respuestas anteriores es correcta.

**6. La Ley de Estabilidad Presupuestaria y Sostenibilidad Financiera está regulada en:**

a) El RD 20/2001.
b) El RD-Legislativo 2/2007.
c) La Ley Orgánica 2/2012.
d) La Ley 2/2002.

**7. Son principios enunciados en dicha Ley:**

a) Estabilidad presupuestaria.
b) Transparencia.
c) Plurianuabilidad.
d) Todas las anteriores respuestas son correctas.

**8. Según el principio de ejercicio cerrado:**

a) Al Presupuesto de un ejercicio solo pueden imputarse ingresos o gastos reconocidos o generados en el año natural.
b) Se ha de disponer de un cuadro único de ingresos y pagos.
c) El Presupuesto debe contener la totalidad de los gastos e ingresos.
d) Las previsiones de ingresos deben cubrir los gastos presupuestados.

**9. La Ley General Presupuestaria está regulada por:**

a) Ley 42/2003, de 26 de noviembre, General Presupuestaria.
b) Ley 47/2003, de 26 de noviembre, General Presupuestaria.
c) Decreto 47/2003, de 26 de diciembre, General Presupuestario.
d) Ley 47/2003, de 26 de diciembre, General Presupuestaria.

**10. Los Presupuestos Generales del Estado determinarán:**

a) Las obligaciones económicas que, como máximo, pueden reconocer los sujetos que integran el sector público administrativo.
b) Los gastos e ingresos y las operaciones de inversión y financieras a realizar por las entidades del sector público empresarial y del sector público fundacional.
c) La estimación de los beneficios fiscales que afecten a los tributos del Estado.
d) Todas las respuestas anteriores son correctas.

**11. La clasificación orgánica agrupará:**

a) Los créditos por capítulos separando las operaciones corrientes, las de capital, las financieras y el Fondo de Contingencia de ejecución presupuestaria.
b) Por secciones y servicios los créditos asignados a los distintos centros gestores de gasto de los órganos con dotación diferenciada en los presupuestos.
c) Sus créditos y establecerá, de acuerdo con el Ministerio de Hacienda, los objetivos a conseguir como resultado de su gestión presupuestaria.
d) Todas las respuestas son correctas.

**12. Los estados de ingresos no se clasifican en:**

a) Clasificación funcional.
b) Clasificación orgánica.
c) Clasificación económica.
d) Los ingresos se pueden clasificar de las tres maneras anteriormente citadas.

**13. El proyecto de Ley de Presupuestos Generales del Estado será remitido a las Cortes Generales antes del día:**

a) 1 de octubre del año corriente.
b) 1 de octubre del año anterior al que se refiera.
c) 1 de septiembre del año anterior al que se refiera.
d) 31 de octubre del año anterior al que se refiera.

**14. Si la Ley de Presupuestos Generales del Estado no se aprobara antes del primer día del ejercicio económico correspondiente, se considerarán automáticamente prorrogados:**

a) Los presupuestos iniciales del ejercicio anterior por doceavas partes hasta la aprobación y publicación de los nuevos en el «Boletín Oficial del Estado».
b) El proyecto de nuevo presupuesto hasta su definitiva aprobación y publicación en el «Boletín Oficial del Estado».
c) Los presupuestos iniciales del ejercicio anterior, divido trimestralmente, hasta la aprobación y publicación de los nuevos en el «Boletín Oficial del Estado».
d) Los presupuestos iniciales del ejercicio anterior hasta la aprobación y publicación de los nuevos en el «Boletín Oficial del Estado».

**15. El artículo de nuestra Constitución en el que se regula el Tribunal de Cuentas es el:**

a) 126.
b) 136.
c) 116.
d) 146.

En MADTEST tienes **más preguntas de este tema**, y todos tus avances quedan registrados y se reflejan en el ranking.

**¡Supera tus límites con MADTEST!**

# Solución al test n.º 11

**1.** d) Todas las respuestas anteriores son correctas.

**2.** c) A las Cortes Generales.

**3.** c) Los ingresos y gastos deben reflejarse en el Presupuesto, sin detracción alguna, por su importe íntegro.

**4.** b) Especificación.

**5.** a) Establece que el presupuesto debe contener la totalidad de los gastos y los ingresos, de forma separada.

**6.** c) La Ley Orgánica 2/2012.

**7.** d) Todas las anteriores respuestas son correctas.

**8.** a) Al Presupuesto de un ejercicio solo pueden imputarse ingresos o gastos reconocidos o generados en el año natural.

**9.** b) Ley 47/2003, de 26 de noviembre, General Presupuestaria.

**10.** d) Todas las respuestas anteriores son correctas.

**11.** b) Por secciones y servicios los créditos asignados a los distintos centros gestores de gasto de los órganos con dotación diferenciada en los presupuestos.

**12.** a) Clasificación funcional.

**13.** b) 1 de octubre del año anterior al que se refiera.

**14.** d) Los presupuestos iniciales del ejercicio anterior hasta la aprobación y publicación de los nuevos en el «Boletín Oficial del Estado».

**15.** b) 136.

## Normas sobre seguridad y prevención de riesgos laborales

**1. Los representantes de los trabajadores con competencia en materia de prevención de riesgos laborales son:**

a) Los miembros de la Junta de personal, Junta Facultativo y Junta de Enfermería.
b) Los técnicos de prevención de riesgos laborales.
c) El Servicio de Medicina Preventiva.
d) Los delegados de prevención.

**2. ¿Qué se entiende por "riesgo laboral"?**

a) La posibilidad de que un trabajador sufra un determinado daño derivado del trabajo.
b) La posibilidad de que un trabajador sufra una enfermedad en el trabajo.
c) La posibilidad de que un trabajador sufra acoso.
d) El riesgo que supone el ir a trabajar.

**3. Indica cuál es la definición de prevención:**

a) La probabilidad racional de que un riesgo se materialice de forma inminente.
b) El estudio de los procesos potencialmente peligrosos para el trabajo.
c) Conjunto de actividades o medidas adoptadas o previstas en todas las fases de actividad de la empresa con el fin de evitar o disminuir los riesgos derivados del trabajo.
d) Posibilidad de que un trabajador sufra un determinado daño derivado del trabajo.

**4. Señala la respuesta incorrecta:**

a) La Ley de Prevención de Riesgos Laborales se aplica a los operativos de Seguridad civil en casos de catástrofe.
b) La Ley de Prevención de Riesgos Laborales se aplica a las sociedades cooperativas.
c) En el ámbito de la relación laboral de carácter especial del servicio del hogar familiar, las personas trabajadoras tienen derecho a una protección eficaz en materia de seguridad y salud en el trabajo.
d) En los establecimientos penitenciarios, se adaptarán a la Ley de Prevención de Riesgos Laborales aquellas actividades cuyas características justifiquen una regulación especial.

**5. ¿Cuál es la vigente Ley de Prevención de Riesgos Laborales?**

a) Ley 32/1995, de 8 de noviembre.
b) Ley 30/1996, de 8 de noviembre.
c) Ley 31/1995, de 6 de noviembre.
d) Ley 31/1995, de 8 de noviembre.

**6. Entre los principios de la acción preventiva recogidos por el artículo 15 de la Ley de Prevención de Riesgos Laborales, no figura:**

a) Evitar los riesgos.
b) Evaluar los riesgos que se puedan evitar.
c) Tener en cuenta la evolución de la técnica.
d) Dar las debidas instrucciones a los trabajadores.

**7. En las empresas de hasta 30 trabajadores el Delegado de Prevención será:**

a) El propio empresario.
b) El trabajador más antiguo.
c) El trabajador de mayor cualificación.
d) El delegado de personal.

**8. Según la Ley de Prevención de Riesgos Laborales, se constituirá un Comité de Seguridad y Salud en todas las empresas o centros de trabajo que cuenten con:**

a) 30 o más trabajadores.
b) 50 o más trabajadores.
c) 75 o más trabajadores.
d) 100 o más trabajadores.

**9. La evaluación de los riesgos laborales es:**

a) Es un proceso técnico en la organización del trabajo.
b) Un proceso dirigido a estimar la magnitud de los riesgos que no hayan podido evitarse.
c) Es un procedimiento estático.
d) Es una práctica para el control y la protección de los trabajadores.

**10. En los casos de concurrencia de trabajadores de varias empresas en un centro de trabajo cuando existe un empresario principal, uno de los deberes de vigilancia por parte de este, consistirá en:**

a) Impulsar la regulación de esquemas organizativos, que eviten los accidentes de trabajo.
b) Comprobar que las empresas contratistas y subcontratistas concurrentes en su centro de trabajo han establecido los necesarios medios de coordinación entre ellas.
c) Asegurar la correcta utilización por parte de los trabajadores de las empresas concurrentes de los correspondientes dispositivos de seguridad disponibles.
d) Asegurarse de que los trabajadores concurrentes disponen de la formación preventiva correspondiente.

**11. Cuando los trabajadores estén expuestos a un riesgo grave e inminente con ocasión de su trabajo, y el empresario no adopte o no permita la adopción de las medidas necesarias para garantizar la seguridad y la salud de los trabajadores, la Ley 31/1995, de 8 de noviembre, de Prevención de Riesgos Laborales prevé:**

a) Los trabajadores afectados podrán paralizar la actividad.

b) El órgano de representación del personal instará formalmente al empresario a la adopción de las medidas necesarias.

c) Los Delegados de Prevención lo comunicarán a la autoridad laboral, que adoptará las medidas necesarias.

d) El órgano de representación de personal podrá acordar la paralización de la actividad.

**12. Según establece el art. 4 de la Ley 31/1995, de 8 de noviembre, de Prevención de Riesgos Laborales, se define como daños derivados del trabajo:**

a) La posibilidad de que un trabajador sufra un determinado daño derivado del trabajo.

b) El que resulte probable racionalmente que se materialice en un futuro inmediato y pueda suponer y pueda suponer un daño grave para la salud de los trabajadores.

c) Las enfermedades, patologías o lesiones sufridas con motivo u ocasión del trabajo.

d) Cualquier máquina, aparato, instrumento o instalación utilizada en el trabajo.

**13. El art. 23 de la LPRL establece la documentación que el empresario debe elaborar y conservar a disposición de la autoridad laboral. De las siguientes no está incluido:**

a) El Plan de prevención de riesgos laborales.

b) Evaluación de los riesgos para la seguridad y la salud en el trabajo.

c) La planificación de la actividad laboral.

d) La relación de accidentes de trabajo y enfermedades profesionales que hayan causado al trabajador una incapacidad laboral superior a un día de trabajo.

**14. El art. 29 de la LPRL establece las obligaciones de los trabajadores en materia de prevención de riesgos. De las siguientes no se considera una obligación del trabajador:**

a) Utilizar correctamente los medios y equipos de protección facilitados por el empresario, de acuerdo con las instrucciones recibidas de este.

b) Usar adecuadamente, de acuerdo con su naturaleza y los riesgos previsibles, las máquinas, aparatos, herramientas, sustancias peligrosas, equipos de transporte y, en general, cualesquiera otros medios con los que desarrollen su actividad.

c) Informar de inmediato a su superior jerárquico directo, y a los trabajadores designados para realizar las actualizaciones que consideren oportunas en el equipo de protección individual.

d) No poner fuera de funcionamiento y utilizar correctamente los dispositivos de seguridad existentes o que se instalen en los medios relacionados con su actividad o en los lugares de trabajo en los que esta tenga lugar.

**15. El Plan de Prevención de Riesgos Laborales se considera como obligación empresarial:**

a) Cuando se trata de empresas cuya actividad esté comprendida en el anexo I del R.D. 39/1997 de 27 de enero.

b) Si se decide por la Inspección de Trabajo y Seguridad social.

c) Para todas las empresas, independientemente del resultado del análisis de los riesgos.

d) Siempre que lo demande la evaluación inicial de los riesgos.

En MADTEST tienes **más preguntas de este tema**, y todos tus avances quedan registrados y se reflejan en el ranking.

**¡Supera tus límites con MADTEST!**

# Solución al test n.º 12

**1.** d) Los delegados de prevención.

**2.** a) La posibilidad de que un trabajador sufra un determinado daño derivado del trabajo.

**3.** c) Conjunto de actividades o medidas adoptadas o previstas en todas las fases de actividad de la empresa con el fin de evitar o disminuir los riesgos derivados del trabajo.

**4.** a) La Ley de Prevención de Riesgos Laborales se aplica a los operativos de Seguridad civil en casos de catástrofe.

**5.** d) Ley 31/1995, de 8 de noviembre.

**6.** b) Evaluar los riesgos que se puedan evitar.

**7.** d) El delegado de personal.

**8.** b) 50 o más trabajadores.

**9.** b) Un proceso dirigido a estimar la magnitud de los riesgos que no hayan podido evitarse.

**10.** b) Comprobar que las empresas contratistas y subcontratistas concurrentes en su centro de trabajo han establecido los necesarios medios de coordinación entre ellas.

**11.** d) El órgano de representación de personal podrá acordar la paralización de la actividad.

**12.** c) Las enfermedades, patologías o lesiones sufridas con motivo u ocasión del trabajo.

**13.** c) La planificación de la actividad laboral.

**14.** c) Informar de inmediato a su superior jerárquico directo, y a los trabajadores designados para realizar las actualizaciones que consideren oportunas en el equipo de protección individual.

**15.** c) Para todas las empresas, independientemente del resultado del análisis de los riesgos.

**Políticas Sociales Públicas: Política de igualdad de género.
Ley Orgánica 3/2007, de 22 de marzo, para la igualdad efectiva
de mujeres y hombres. Igualdad de trato y no discriminación de las
personas LGTBI. Política contra la Violencia de Género. Ley Orgánica
1/2004, de 28 de diciembre, de Medidas de Protección Integral contra
la Violencia de Género. Discapacidad y dependencia: Real Decreto
Legislativo 1/2013, de 29 de noviembre, por el que se aprueba el
Texto Refundido de la Ley General de derechos de las personas
con discapacidad y de su inclusión social y Ley 39/2006, de 14 de
diciembre, de Promoción de la Autonomía Personal y Atención de las
personas en situación de dependencia. Plan de Igualdad de género en
la Administración General del Estado y sus Organismos Públicos**

**1. La ley que regula a nivel estatal la igualdad efectiva de mujeres y hombres es:**

a) La Ley 3/2007, de 12 de marzo.
b) La Ley Orgánica 22/2007, de 3 de abril.
c) La Ley Orgánica 3/2007, de 22 de marzo.
d) El Decreto Legislativo 7/2003, de 23 de mayo.

**2. El objeto y el ámbito de aplicación de la Ley para la Igualdad efectiva entre Mujeres y Hombres vienen recogidos en su:**

a) Disposición Final Primera.
b) Disposición Adicional Primera.
c) Título Primero.
d) Título Preliminar.

**3. Todo trato desfavorable a las mujeres relacionado con el embarazo o la maternidad constituye:**

a) Acoso sexual.
b) Acoso por razón de sexo.

c) Discriminación directa por razón de sexo.
d) Discriminación indirecta por razón de sexo.

**4. Cualquier comportamiento realizado en función del sexo de una persona, con el propósito o efecto de atentar contra su dignidad y de crear un entorno intimidatorio, degradante u ofensivo, constituye:**

a) Acoso sexual.
b) Acoso por razón de sexo.
c) Discriminación directa por razón de sexo.
d) Discriminación indirecta por razón de sexo.

**5. Los actos y las cláusulas de los negocios jurídicos que constituyan o causen discriminación por razón de sexo se considerarán:**

a) Válidos, si todas las partes consienten.
b) Anulables y sin efecto durante el primer año; pasado ese tiempo, si no hay denuncia, tendrán efectos legales.
c) Nulos, pero con efecto.
d) Nulos y sin efecto.

**6. La capacidad y la legitimación para intervenir en los procesos civiles, sociales y contencioso-administrativos que versen sobre la defensa del derecho de igualdad entre mujeres y hombres, corresponden a:**

a) La persona acosada, únicamente.
b) Cualquier ciudadano.
c) Las personas físicas y jurídicas con interés legítimo.
d) Cualquier persona jurídica.

**7. Según el artículo 15 de la Ley para la Igualdad efectiva entre Mujeres y Hombres, el principio de igualdad de trato y oportunidades informará la actuación de todos los poderes públicos:**

a) Con carácter transversal.
b) De forma equilibrada.
c) Solo cuando se trate de colectivos de especial vulnerabilidad o de violencia de hecho.
d) Con carácter no vinculante.

**8. Según la Disposición Adicional Primera de la Ley para la Igualdad efectiva entre Mujeres y Hombres, se entenderá por composición equilibrada la presencia de mujeres y hombres de forma que, en el conjunto al que se refiera, las personas de cada sexo:**

a) Tengan la misma representación; es decir, la mitad, o la mitad más uno o menos uno si es un número impar de miembros.
b) No superen el 60 % ni sean menos del 40 %.

c) No superen el 70 % ni sean menos del 30 %.
d) No sean menos del 10 %.

**9. Los proyectos de disposiciones de carácter general y los planes de especial relevancia económica, social, cultural y artística que se sometan a la aprobación del Consejo de Ministros deberán incorporar:**

a) Un Plan Estratégico de Igualdad de Oportunidades.
b) Una estadística o encuesta que posibilite el conocimiento de las diferencias en los valores, roles, situaciones y condiciones, de mujeres y hombres en el ámbito de acción del proyecto o plan.
c) Un informe periódico sobre el conjunto de sus actuaciones en relación con la efectividad del principio de igualdad entre mujeres y hombres.
d) Un informe sobre su impacto por razón de género.

**10. El Título IV de la Ley para la Igualdad efectiva entre Mujeres y Hombres trata de:**

a) El principio de igualdad y la tutela contra la discriminación.
b) La igualdad en la responsabilidad social de las empresas.
c) El derecho al trabajo en igualdad de oportunidades.
d) El principio de igualdad en el empleo público.

**11. Se definen como "un conjunto ordenado de medidas, adoptadas después de realizar un diagnóstico de situación, tendentes a alcanzar en la empresa la igualdad de trato y de oportunidades entre mujeres y hombres y a eliminar la discriminación por razón de sexo":**

a) Los programas de mejora de la empleabilidad de las mujeres.
b) Las medidas de acción positiva para favorecer el acceso de las mujeres al empleo y la aplicación efectiva del principio de igualdad de trato y no discriminación en las condiciones de trabajo.
c) Los protocolos de actuación frente al acoso sexual y al acoso por razón de sexo.
d) Los planes de igualdad de las empresas.

**12. ¿A partir de qué número de trabajadores están las empresas obligadas a elaborar y aplicar un plan de igualdad?**

a) 50 trabajadores.
b) 100 trabajadores.
c) 150 trabajadores.
d) 250 trabajadores.

**13. ¿Cómo se denomina el distintivo creado por el Ministerio de Trabajo y Asuntos Sociales para reconocer a las empresas que destacan por la aplicación de políticas de igualdad de trato y de oportunidades con sus trabajadores y trabajadoras?**

a) Distintivo "Igualdad en la Empresa".
b) Distintivo "Empresas en Igualdad".
c) Distintivo "Empresa no discriminatoria".
d) Distintivo "Empresa con empleo igualitario".

**14. ¿Por cuánto tiempo se concede el distintivo para las empresas en materia de igualdad?**

a) Un año, prorrogable uno más.
b) Cinco años, prorrogables.
c) Cuatro años.
d) Indefinido.

**15. Mantener el equilibrio en las diferentes dimensiones de la vida con el fin de mejorar el bienestar, la salud y la capacidad de trabajo personal es:**

a) Conciliar.
b) Igualar.
c) Discriminatorio.
d) Acoso.

En MADTEST tienes **más preguntas de este tema**, y todos tus avances quedan registrados y se reflejan en el ranking.

**¡Supera tus límites con MADTEST!**

# Solución al test n.º 13

**1.** c) La Ley Orgánica 3/2007, de 22 de marzo.

**2.** d) Título Preliminar.

**3.** c) Discriminación directa por razón de sexo.

**4.** b) Acoso por razón de sexo.

**5.** d) Nulos y sin efecto.

**6.** c) Las personas físicas y jurídicas con interés legítimo.

**7.** a) Con carácter transversal.

**8.** b) No superen el 60 % ni sean menos del 40 %.

**9.** d) Un informe sobre su impacto por razón de género.

**10.** c) El derecho al trabajo en igualdad de oportunidades.

**11.** d) Los planes de igualdad de las empresas.

**12.** a) 50 trabajadores.

**13.** a) Distintivo "Igualdad en la Empresa".

**14.** b) Cinco años, prorrogables.

**15.** a) Conciliar.

**La Ley 19/2013, de 9 de diciembre, de transparencia, acceso a la información pública y buen gobierno. El Consejo de Transparencia y Buen Gobierno: Funciones. El Portal de Transparencia. Las Unidades de Información y Transparencia (UITS)**

**1. La cualidad que permite y facilita el acceso de los ciudadanos a la información pública en poder de la Administración dentro de los límites establecidos por la legislación vigente, se conoce como:**

a) Accesibilidad.
b) Transparencia.
c) Objetividad.
d) Buen gobierno.

**2. En el Capítulo I del Título I: "Transparencia de la actividad pública" de la Ley 19/2013, concretamente en el art. 3, se señala que serán objeto de aplicación de las disposiciones las entidades privadas:**

a) En cuyo capital social la participación, directa o indirecta, sea superior al 50 por 100.
b) Que perciban durante el período de un año ayudas o subvenciones públicas en una cuantía superior a 100.000 euros o cuando al menos el 40 % del total de sus ingresos anuales tengan carácter de ayuda o subvención pública, siempre que alcancen como mínimo la cantidad de 5.000 euros.
c) Con personalidad jurídica propia, vinculadas a cualquiera de las Administraciones Públicas o dependientes de ellas.
d) Que tengan atribuidas funciones de regulación o supervisión de carácter externo sobre un determinado sector o actividad.

**3. En el ámbito de la Administración General del Estado, ¿a quién corresponde la evaluación del cumplimiento de los planes y programas anuales y plurianuales que las administraciones públicas deben publicar?**

a) Ministerio para la Transformación Digital y de la Función Pública.
b) Tribunal de Cuentas.

c) Instituto Nacional para las Administraciones Públicas (INAP).

d) Inspecciones Generales de Servicios.

**4. El Portal de la Transparencia contendrá información publicada de acuerdo con las prescripciones técnicas que se establezcan reglamentariamente que deberán adecuarse a los siguientes principios. Señala la respuesta incorrecta:**

a) Accesibilidad.

b) Interoperabilidad.

c) Control.

d) Reutilización.

**5. ¿Qué título de la Ley 19/2013 regula todo lo relativo a la "Transparencia de la actividad pública"?**

a) Título I.

b) Título II.

c) Título III.

d) Título IV.

**6. ¿Qué plazo máximo otorgó la Ley 19/2013, de 9 de diciembre, de transparencia, acceso a la información pública y buen gobierno a los órganos de las Comunidades Autónomas y de las Entidades Locales para adaptarse a las obligaciones contenidas en dicha ley?**

a) 1 año.

b) 2 años.

c) 3 años.

d) 5 años.

**7. El cumplimiento de las obligaciones derivadas de la Ley 19/2013, de 9 de diciembre, de transparencia, acceso a la información pública y buen gobierno, podrá realizarse utilizando los medios electrónicos puestos a su disposición por la Administración Pública de la que provenga la mayor parte de las ayudas o subvenciones públicas percibidas cuando se trate de entidades sin ánimo de lucro que persigan exclusivamente fines de interés social o cultural y cuyo presupuesto sea inferior a:**

a) 50.000 euros.

b) 100.000 euros.

c) 200.000 euros.

d) 250.000 euros.

**8. Según lo previsto en el artículo 18 de la Ley 19/2013, de 9 de diciembre, de transparencia, acceso a la información pública y buen gobierno, se inadmitirán a trámite, mediante resolución motivada, las solicitudes de acceso a la información:**

a) Relativas a los intereses económicos y turísticos.

b) Relativas a la garantía de la confidencialidad o el secreto requerido en procesos de toma de decisión.

c) Relativas a información para cuya divulgación sea necesaria una acción previa de reelaboración.

d) Relativas a infraestructuras críticas.

**9. ¿Qué organismo público se crea por la Ley 19/2013, de 9 de diciembre, de transparencia, acceso a la información pública y buen gobierno con la finalidad de promover la transparencia de la actividad pública, velar por el cumplimiento de las obligaciones de publicidad, salvaguardar el ejercicio de derecho de acceso a la información pública y garantizar la observancia de las disposiciones de buen gobierno?**

a) El Instituto Nacional de Ética y Gobernanza.
b) La Comisión Ministerial de Lucha contra la Corrupción.
c) La Inspección de Servicios Administrativos.
d) El Consejo de Transparencia y Buen Gobierno.

**10. El acceso a la información pública requiere:**

a) Solicitud previa.
b) Acreditación de la condición de interesado.
c) Motivación expresa.
d) La utilización de medios telemáticos.

**11. Cuando la información pública solicitada no contuviera datos especialmente protegidos, el órgano al que se dirija la solicitud concederá el acceso previa ............. suficientemente razonada del interés público en la divulgación de la información y los derechos de los afectados cuyos datos aparezcan en la información solicitada, en particular su derecho fundamental a la protección de datos de carácter personal. Señala la palabra que falta:**

a) Catalogación.
b) Acreditación.
c) Ponderación.
d) Identificación.

**12. El incumplimiento reiterado de la obligación de resolver en plazo procedimientos de acceso a la información pública:**

a) Tendrá la consideración de infracción grave.
b) Tendrá la consideración de infracción muy grave.
c) Tendrá la consideración de infracción leve.
d) No tendrá la consideración de infracción.

**13. Frente a toda resolución expresa o presunta en materia de acceso podrá interponerse una reclamación ante el Consejo de Transparencia y Buen Gobierno, previo a su impugnación en vía contencioso-administrativa, con carácter:**

a) Preceptivo.
b) Potestativo.

c) Colectivo.
d) Extraordinario.

**14. Frente a toda resolución expresa o presunta en materia de acceso a la información pública podrá interponerse, con carácter potestativo y previo a su impugnación en vía contencioso-administrativa, una reclamación ante:**

a) La Inspección de Servicios del Departamento correspondiente.
b) La Inspección de Servicios del Ministerio para la Transformación Digital y de la Función Pública.
c) El Consejo de Transparencia y Buen Gobierno.
d) El Instituto para la Evaluación de las Políticas Públicas.

**15. Según el artículo 7 de la Ley 19/2013, de 9 de diciembre, de transparencia, acceso a la información pública y buen gobierno, relativo a la información de relevancia jurídica:**

a) Las Administraciones Públicas, en el ámbito de sus competencias, publicarán los proyectos de Reglamento cuya iniciativa les corresponda.
b) Las Administraciones Públicas, en el ámbito de sus competencias, no publicarán los proyectos de Reglamento cuya iniciativa les corresponda.
c) Las Administraciones Públicas, en el ámbito de sus competencias, no podrán publicar los Anteproyectos de Ley hasta su aprobación.
d) Las Administraciones Públicas no podrán publicar los proyectos de Decretos Legislativos cuando se soliciten los dictámenes a los órganos consultivos.

En MADTEST tienes **más preguntas de este tema,** y todos tus avances quedan registrados y se reflejan en el ranking.

**¡Supera tus límites con MADTEST!**

# Solución al test n.º 14

**1.** b) Transparencia.

**2.** b) Que perciban durante el período de un año ayudas o subvenciones públicas en una cuantía superior a 100.000 euros o cuando al menos el 40 % del total de sus ingresos anuales tengan carácter de ayuda o subvención pública, siempre que alcancen como mínimo la cantidad de 5.000 euros.

**3.** d) Inspecciones Generales de Servicios.

**4.** c) Control.

**5.** a) Título I.

**6.** b) 2 años.

**7.** a) 50.000 euros.

**8.** c) Relativas a información para cuya divulgación sea necesaria una acción previa de reelaboración.

**9.** d) El Consejo de Transparencia y Buen Gobierno.

**10.** a) Solicitud previa.

**11.** c) Ponderación.

**12.** a) Tendrá la consideración de infracción grave.

**13.** b) Potestativo.

**14.** c) El Consejo de Transparencia y Buen Gobierno.

**15.** a) Las Administraciones Públicas, en el ámbito de sus competencias, publicarán los proyectos de Reglamento cuya iniciativa les corresponda.

**La Agenda 2030 y los Objetivos de Desarrollo Sostenible. Principios informadores de la actividad en el servicio público: transparencia, colaboración, participación y rendición de cuentas**

**1. Las reuniones de la Conferencia Sectorial para la Agenda 2030 serán convocadas con una antelación mínima de:**

a) 3 días hábiles.
b) 3 días naturales.
c) 5 días naturales.
d) 7 días hábiles.

**2. ¿Quién ejerce la presidencia de la Comisión Delegada del Gobierno para la Agenda 2030?**

a) La persona titular del Ministerio de Trabajo y Economía Social.
b) La persona titular de la Secretaría de Estado para la Agenda 2030.
c) La persona titular del Ministerio de Asuntos Exteriores, Unión Europea y Cooperación.
d) La persona titular de la Secretaría de Estado de Asuntos Exteriores y Globales.

**3. ¿A qué órgano corresponde elevar al Gobierno los informes de seguimiento que se elaboren con la finalidad de evaluar, verificar y difundir el grado de avance de los compromisos de España para el cumplimiento de la Agenda 2030 para su aprobación y posterior remisión a las Cortes Generales?**

a) A la Comisión Delegada del Gobierno para la Agenda 2030.
b) A la Conferencia Sectorial para la Agenda 2030.
c) Al Consejo de Desarrollo Sostenible.
d) A la Secretaría de Estado para la Agenda 2030.

**4.** Una meta del ODS 6: Garantizar la disponibilidad de agua y su gestión sostenible y el saneamiento para todos, es la reducción hasta 2030 del porcentaje de aguas residuales sin tratar:

a) En un 25 %.
b) A la mitad.
c) En un 75 %.
d) En un 90 %.

**5.** En la actualidad la energía representa el siguiente porcentaje de todas las emisiones mundiales de gases de efecto invernadero:

a) 20 %.
b) 40 %.
c) 60 %.
d) 80 %.

**6.** Los objetivos de desarrollo sostenible de la Agenda 2030 integran un total de:

a) 95 metas.
b) 111 metas.
c) 147 metas.
d) 169 metas.

**7.** El Objetivo 3 de la Agenda 2030 es garantizar una vida sana y promover el bienestar para todos en todos/as los/as:

a) Edades.
b) Países.
c) Culturas.
d) Sectores.

**8.** El objetivo 11 de la Agenda 2030 plantea lograr que las ciudades y los asentamientos humanos sean inclusivos, ........., resilientes y sostenibles. Señala la palabra que falta en la frase anterior:

a) Seguros.
b) Protectores.
c) Habitables.
d) Dinámicos.

**9.** ¿Qué objetivo de la Agenda 2030 plantea adoptar medidas urgentes para combatir el cambio climático y sus efectos?

a) Objetivo 7.
b) Objetivo 10.

c) Objetivo 13.
d) Objetivo 14.

**10. Corresponde a la Presidencia de la Conferencia Sectorial para la Agenda 2030 la convocatoria de las reuniones por iniciativa propia, al menos una vez al año, o cuando lo solicite, al menos:**

a) La mitad de sus miembros.
b) La tercera parte de sus miembros.
c) La cuarta parte de sus miembros.
d) La quinta parte de sus miembros.

**11. El gobierno abierto constituye un paradigma clave para el cumplimiento del siguiente Objetivo de Desarrollo Sostenible de la Agenda 2030:**

a) Objetivo 9: Construir infraestructuras resilientes, promover la industrialización inclusiva y sostenible y fomentar la innovación.
b) Objetivo 16: Promover sociedades justas, pacíficas e inclusivas.
c) Objetivo 8: Promover el crecimiento económico sostenido, inclusivo y sostenible, el empleo pleno y productivo y el trabajo decente para todos.
d) Objetivo 17: Revitalizar la Alianza Mundial para el Desarrollo Sostenible.

**12. ¿A qué Ministerio se adscribe el Consejo de Desarrollo Sostenible?**

a) Al Ministerio de Derechos Sociales, Consumo y Agenda 2030.
b) Al Ministerio para la Transformación Digital y de la Función Pública.
c) Al Ministerio de Asuntos Exteriores, Unión Europea y Cooperación.
d) Al Ministerio de Presidencia, Justicia y Relaciones con las Cortes.

**13. ¿Con cuántas vocalías cuenta el Consejo de Desarrollo Sostenible en representación de la sociedad civil?**

a) 37.
b) 48.
c) 55.
d) 60.

**14. Qué elementos de la Estrategia de Desarrollo Sostenible se refieren a los desafíos a los que nos enfrentamos en la actualidad y que han de abordarse y solucionarse para cumplir con la Agenda 2030 y sus Objetivos de Desarrollo Sostenible:**

a) Los retos país.
b) Las prioridades de actuación.
c) Las políticas aceleradoras.
d) Las políticas palanca.

**15. ¿Cuántos retos país identifica la Estrategia de Desarrollo Sostenible 2030?**

a) 4.
b) 8.
c) 12.
d) 16.

En MADTEST tienes **más preguntas de este tema**, y todos tus avances quedan registrados y se reflejan en el ranking.

**¡Supera tus límites con MADTEST!**

# Solución al test n.º 15

**1.** c) 5 días naturales.

**2.** a) La persona titular del Ministerio de Trabajo y Economía Social.

**3.** a) A la Comisión Delegada del Gobierno para la Agenda 2030.

**4.** b) A la mitad.

**5.** c) 60 %.

**6.** d) 169 metas.

**7.** a) Edades.

**8.** a) Seguros.

**9.** c) Objetivo 13.

**10.** b) La tercera parte de sus miembros.

**11.** b) Objetivo 16: Promover sociedades justas, pacíficas e inclusivas.

**12.** a) Al Ministerio de Derechos Sociales, Consumo y Agenda 2030.

**13.** d) 60.

**14.** a) Los retos país.

**15.** b) 8.

# Cómo acceder al Curso

## Grupo Profesional M2. Personal Laboral de Ministerios
Test Parte Común

El uso de los códigos **es exclusivo de los compradores de los productos de Editorial MAD**. Cada producto posee un código único y de un solo uso. Es personal e intransferible y da acceso a servicios y contenidos adicionales. Editorial MAD se reserva el derecho de hacer cuantas comprobaciones sean necesarias para identificar al legítimo poseedor del código y dejar de dar servicio a quien haga uso fraudulento del mismo, además de emprender cuantas acciones legales estime oportunas según la legislación vigente.

Deberás acceder a:

mad.es/registro-campus

Si una vez aceptadas las condiciones de uso del Campus decides hacer uso del mismo, necesitarás del siguiente código de acceso junto con los códigos del resto de títulos que se exigen (si fuera el caso):

9BCKVXLRGP